El Rosario

El Rosario

Reflexiones bíblicas en vitrales

BARRY MARTINSON

LIBROS
LIGUORI

One Liguori Drive ♥ Liguori, MO 63057-9999

Imprimi Potest:
Harry Grile, CSsR
Provincial de la Provincia de Denver
Los Redentoristas

Publicado por Libros Liguori
Liguori, MO 63057 - 9999

Publicado anteriormente como: *El Rosario: reflexiones bíblicas en vitrales* por Tau Books, Taiwán.

Pedidos al 800-325-9521.
www.librosliguori.org

Library of Congress Cataloging-in-Publication Data

Martinson, Barry.
 [Rosary. Spanish]
 El rosario: reflexiones Bíblicas en vitrales / Barry Martinson ; traducción al español, Aquilino Miguélez SJ, Francisco Javier Vidrio; revisión estilística, Marco Batta.
    pages cm
 Includes index.
 ISBN 978-0-7648-2149-3
 1. Mysteries of the Rosary. I. Title.
 BT303.M33518 2012
 242'.74--dc23

Las citas bíblicas son de *La Biblia Latinoamericana: Edición Pastoral* (Madrid: San Pablo, 2005). Usada con permiso.

PRODUCCIÓN DE LOS VITRALES Y DEL LIBRO
Diseño del libro: Wendy Barnes
Producción de las ventanas: Shih Ying-hui, Yawee Studio
Fotografía: Laurenz Schelbert, SMB
Consultores: Mark Fang, SJ., Raymond Parent, SJ., Edmund Ryden, SJ
Asistente de producción: Kuangchi Cultural Group, Taipei
Materiales de los vitrales: Wissmach satined glass, Ed Hoy's International, Chicago.

Libros Liguori, una corporación sin fines de lucro, es un apostolado de los
Padres y Hermanos Redentoristas. Para más información, visite Redemptorists.com.

En memoria

de mi madre

Memorare

Acuérdate,

oh piadosísima Virgen María,

que jamás se ha oído decir

que ninguno de los que han acudido a tu protección,

implorado tu socorro o reclamado tu intercesión,

haya sido abandonado por ti.

Animado con esta confianza, a ti acudo,

oh Virgen de las Vírgenes, mi Madre.

A ti vengo, ante ti me postro,

pecador y arrepentido.

oh Madre del Verbo Encarnado,

no desprecies mis súplicas,

antes bien, en tu clemencia,

escúchalas favorablemente,

y dígnate acogerlas.

Amén.

Prefacio

El Rosario es la historia de Jesús. Cada cuenta representa un "Misterio" o episodio de la vida de Cristo y su madre María. El Rosario comienza con el anuncio del ángel de la concepción de Jesús y continúa con los eventos clave de su infancia y vida pública, culminando en su muerte y resurrección. Hay momentos de gozo, luz, dolor y gloria.

Los Misterios del Rosario tienen pasajes paralelos en el Antiguo Testamento de la Biblia. Conocer y entender esas historias nos puede dar una apreciación más profunda del Rosario mismo. El Nuevo Testamento cumple muchas profecías del Antiguo. Muchas figuras bíblicas del Antiguo Testamento son precursoras de Jesús y María.

Algunos paralelismos del Antiguo Testamento presentados aquí son obvios, otros no son tan claros. Aun así, otros más parecen ser opuestos. Estos pasajes son sólo un conjunto de posibilidades que podrían haber sido usadas para ensanchar el significado de los misterios del Rosario. Del mismo modo que los misterios del Rosario nos presentan emociones con las que nos podemos relacionar, así también sucede con las narraciones del Antiguo Testamento. Podemos pensar en la extrañeza de María al ser escogida para Madre de Dios; la humildad de Juan al bautizar a Jesús; la paciencia de Job soportando sus pruebas; o el asombro de Jonás saliendo del vientre de la ballena.

Éstas son historias de personajes reales con sentimientos semejantes a los nuestros. Podemos reflexionar sobre ellas al orar poniendo sus imágenes ante nuestros ojos. Tal vez estemos orando por una intención especial. Al representar con nuestra imaginación un misterio en particular y pronunciar las palabras con nuestros labios, nuestros corazones presentan sus propias necesidades. El Rosario es una oración que abraza no solo la vida de Jesús y de María sino también toda la nuestra.

Durante siglos el Rosario tenía tan sólo tres grupos de misterios. Había una brecha desde el encuentro del Niño Jesús en el templo hasta la agonía de Cristo en el huerto. Se pasaban por alto los milagros y enseñanzas de Jesús como también otros momentos clave de su vida adulta. En el año 2002, el Papa Juan Pablo II añadió al Rosario los Misterios luminosos. Estos Misterios se centran en momentos especiales de "Luz" de la vida pública de Jesús. De este modo queda completo el ciclo de Jesús y su madre María.

El Rosario: reflexiones ríblicas en vitrales presenta una visión iluminada de la vida de Jesús y María junto con paralelos del Antiguo Testamento. Este libro combina el arte sagrado original y la Sagrada Escritura, adaptando las ricas técnicas del vitral tradicional al gusto del siglo XXI. Todo con el eterno deseo de contar una historia que refleje la mayor gloria de Dios.

Cómo usar el libro del Rosario

El ROSARIO, *reflexiones bíblicas en vitrales* se puede usar como un libro de arte, como una colección de historias bíblicas o como una inspiración para la oración. Mira las ilustraciones y fija en ellas tu atención. Lee los textos y reflexiona sobre ellos. Si estás rezando el Rosario, ten presente estas ilustraciones para rezar con menos distracciones. El Rosario es una combinación de historias y palabras. Decimos las palabras mientras pensamos en la historia.

Este libro está diseñado de tal manera que las historias del Antiguo Testamento y sus Misterios paralelos en el Nuevo Testamento puedan revivirse conjuntamente. Añadida a la narración al pie de cada dibujo, se presenta una reflexión de las Sagradas Escrituras. A veces este texto describe dicha narración, otras veces es una respuesta de las Sagradas Escrituras a la historia. Al igual que los mismos dibujos paralelos, estas reflexiones tienen como fin ensanchar el sentido de las historias, para que puedan relacionarse con nuestras vidas siempre que sea posible.

San Bernardo dijo: "Si reflexiono en uno de estos Misterios, reflexiono en Dios y en todos ellos encuentro a mi Dios". Que estas reflexiones en vitrales y las historias que nos cuentan nos acerquen más a Cristo y a su Madre María.

Cómo rezar el Rosario

Después de tomar el crucifijo, se hace la *señal de la cruz* y se reza el *Credo*.

Rezar el *Padrenuestro* en la primera cuenta.

Rezar el *Avemaría* en cada una de las tres cuentas siguientes.

Rezar el *Gloria al Padre*.

Escoger una serie de misterios: gozosos, luminosos, dolorosos o gloriosos.

Anunciar el primer misterio y después decir un *padrenuestro*.

Rezar un *avemaría* en cada una de las siguientes diez cuentas mientras se medita en el Misterio.

Al final, rezar el *Gloria al Padre*.

Esto se llama una decena del Rosario. Un Rosario tiene cinco decenas. Piensa en los otros cuatro Misterios mientras rezas cada década de la misma manera. El Rosario se termina con la *Salve*.

La serie de los Misterios del Rosario usualmente se dice siguiendo los días de la semana; pero a veces se pueden cambiar en conformidad con el tiempo litúrgico, o una necesidad especial. A continuación se indican los días normales para las diferentes series de misterios:

Lunes y sábados: misterios gozosos
Jueves: misterios luminosos
Martes y viernes: misterios dolorosos
Miércoles y domingo: misterios gloriosos

Oraciones del Rosario

Señal de la Cruz
En el nombre del Padre y del Hijo y del Espíritu Santo. Amén.

Credo
Creo en Dios Padre todopoderoso, creador del cielo y de la tierra. Creo en Jesucristo, su único Hijo, nuestro Señor, que fue concebido por obra y gracia del Espíritu Santo; nació de Santa María Virgen, padeció bajo el poder de Poncio Pilato; fue crucificado, muerto y sepultado; descendió a los infiernos y al tercer día resucitó de entre los muertos, subió a los cielos y está sentado a la derecha de Dios Padre Todopoderoso. Desde allí ha de venir a juzgar a vivos y muertos. Creo en el Espíritu Santo, la Santa Iglesia Católica, la Comunión de los Santos, el perdón de los pecados, la resurrección de los muertos y la vida eterna. Amén.

Padrenuestro
Padre nuestro que estás en el cielo, santificado sea tu nombre, venga a nosotros tu reino, hágase tu voluntad en la tierra como en el cielo. Danos hoy nuestro pan de cada día. Perdona nuestras ofensas como también nosotros perdonamos a los que nos ofenden, no nos dejes caer en tentación y líbranos del mal. Amén.

Avemaría
Dios te salve, María, llena eres de gracia, el Señor es contigo, bendita tú eres entre todas las mujeres y bendito es el fruto de tu vientre, Jesús. Santa María, Madre de Dios, ruega por nosotros pecadores, ahora y en la hora de nuestra muerte. Amén.

Gloria
Gloria al Padre y al Hijo y al Espíritu Santo. Como era en el principio, ahora y siempre, por los siglos de los siglos. Amén.

Salve
Dios te salve, Reina y Madre de misericordia, vida, dulzura y esperanza nuestra. Dios te salve. A ti llamamos los desterrados hijos de Eva. A ti suspiramos gimiendo y llorando en este valle de lágrimas. Ea, pues, Señora, Abogada nuestra, vuelve a nosotros esos tus ojos misericordiosos y después de este destierro muéstranos a Jesús, fruto bendito de tu vientre. ¡oh piadosa!, ¡oh clemente!, ¡oh dulce siempre Virgen María! Ruega por nosotros, Santa Madre de Dios, para que seamos dignos de alcanzar las promesas de Nuestro Señor Jesucristo. Amén.

Después de cada decena del Rosario, se puede rezar la siguiente plegaria encomendada por nuestra Señora de Fátima:
Oh Jesús, perdona nuestros pecados, líbranos del fuego del infierno, lleva todas las almas al cielo, especialmente las más necesitadas de tu misericordia.

Intenciones

La palabra "Rosario" proviene del latín "rosas". El Rosario es una corona de rosas; siendo cada cuenta una rosa que sube al cielo como nuestra oración. El Rosario puede ser ofrecido por cualquier intención. Es especialmente eficaz cuando se reza por el bien del mundo. Además, cada Misterio en particular del Rosario tiene las siguientes intenciones personales, que pueden hacer más grande nuestro amor a Dios y al prójimo.

Misterios gozosos

1. Anunciación —humildad
2. Visitación —caridad
3. Nacimiento —espíritu de pobreza
4. Presentación —obediencia
5. Jesús es hallado en el templo —fervor

Misterios luminosos

1. Bautismo de Jesús —hacer la voluntad de Dios
2. Milagro de Caná —fidelidad
3. Proclamación del Reino —sabiduría
4. Transfiguración —valor para cambiar
5. La Eucaristía —unión con Dios

Misterios dolorosos

1. Agonía en el huerto —espíritu de oración
2. Flagelación en la columna —pureza
3. Coronación de espinas —penitencia
4. Carga con la cruz —paciencia en las dificultades
5. Crucifixión —generosidad

Misterios gloriosos

1. Resurrección —fe
2. Ascensión —esperanza
3. Venida del Espíritu Santo —amor
4. Asunción —una muerte feliz
5. Coronación —perseverancia final

El Rosario es la oración de María. Cuando rezamos el Rosario, pedimos a María que interceda ante su Hijo Jesús para que nos conceda nuestras peticiones. Pero hay otra manera de rezar el Rosario y es rezar con el propio corazón de María. Amar a alguien no es tan sólo mirar a la persona amada, sino mirar a la vez en la misma dirección. No solamente podemos rezarle a María, sino que podemos rezar con ella. Podemos identificarnos con sus propias intenciones, su modo de pensar y ver las cosas.

Cuando María echa una mirada sobre la tierra, ve a su Hijo en su Cuerpo Místico. Es un cuerpo sufriente y María ve sus heridas. Las personas de cualquier país son sus hijos, son su Hijo. Como buena Madre, María está especialmente preocupada por los más necesitados. Les desea que sean felices y vivan en paz. María anhela sanar las heridas de su Hijo Místico, que está todavía ahí sobre la cruz y reunir a todos sus hijos como una familia, cuyos miembros se cuiden con amor recíproco.

Rezando el Rosario con María, podemos participar de su gran visión: que el amor de Jesús pueda nacer en los corazones de todas las personas y que la tierra por fin pueda tener paz.

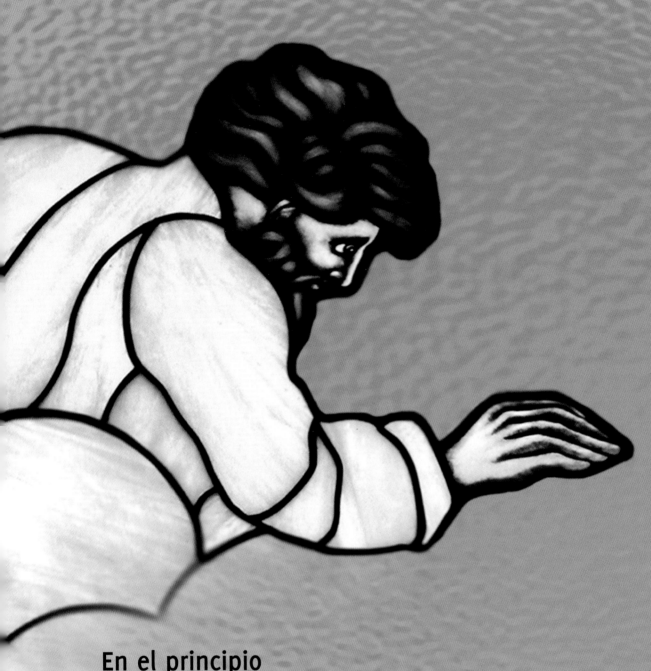

En el principio

Nuevas de alegría

Dijo Dios: *"Hagamos al hombre a nuestra imagen y semejanza". Entonces Yavé Dios formó al hombre con polvo de la tierra; luego sopló en su nariz aliento de vida, y el hombre se convirtió en ser vivo.*

(GN 1:26, 2:7)

La creación del hombre

Y creó Dios al hombre a su imagen. A imagen de Dios lo creó. Varón y mujer los creó. Dios los bendijo, diciéndoles: «Sean fecundos y multiplíquense. Llenen la tierra y sométanla. Tengan autoridad sobre los peces del mar, sobre las aves del cielo y sobre todo ser viviente que se mueve sobre la tierra». Yavé Dios plantó un jardín en un lugar del Oriente llamado Edén, y colocó allí al hombre que había formado. Yavé Dios hizo brotar del suelo toda clase de árboles, agradables a la vista y buenos para comer. El árbol de la Vida estaba en el jardín, como también el árbol de la Ciencia del bien y del mal (Gn 1:27-28, 2:8-9).

Contestó el ángel:
«El Espíritu Santo
descenderá sobre ti y
el poder del Altísimo te
cubrirá con su sombra;
por eso el niño santo
que nacerá de ti será
llamado Hijo de Dios».
(LC 1:35)

Primer misterio gozoso: la Anunciación

Al sexto mes el ángel Gabriel fue enviado por Dios a una ciudad de Galilea, llamada Nazaret, a una joven virgen (...) La virgen se llamaba María. Llegó el ángel hasta ella y le dijo: «Alégrate, llena de gracia, el Señor está contigo.» María quedó muy conmovida al oír estas palabras, y se preguntaba qué significaría tal saludo. Pero el ángel le dijo: «No temas, María, porque has encontrado el favor de Dios. Concebirás en tu seno y darás a luz un hijo, al que pondrás el nombre de Jesús. (...)» María entonces dijo al ángel: «¿Cómo puede ser eso, si yo soy virgen?» Contestó el ángel: «El Espíritu Santo descenderá sobre ti y el poder del Altísimo te cubrirá con su sombra (...)» Dijo María: «Yo soy la servidora del Señor, hágase en mí tal como has dicho» (Lc 1:26-38).

Dios dijo a la serpiente: "Haré que haya enemistad entre ti y la mujer, entre tu descendencia y la suya. Ella te pisará la cabeza mientras tú herirás su talón".

(GN 3:15)

La tentación

La serpiente era el más astuto de todos los animales del campo que Yavé Dios había hecho. Dijo a la mujer: «¿Es cierto que Dios les ha dicho: No coman de ninguno de los árboles del jardín?» La mujer respondió a la serpiente: «Podemos comer de los frutos de los árboles del jardín, pero no de ese árbol que está en medio del jardín, pues Dios nos ha dicho: No coman de él ni lo prueben siquiera, porque si lo hacen morirán.». La serpiente dijo a la mujer: «No es cierto que morirán. Es que Dios sabe muy bien que el día en que coman de él, se les abrirán a ustedes los ojos; entonces ustedes serán como dioses y conocerán lo que es bueno y lo que no lo es». A la mujer le gustó ese árbol que atraía la vista y que era tan excelente para alcanzar el conocimiento. Tomó de su fruto y se lo comió y le dio también a su marido que andaba con ella, quien también lo comió (Gn 3:1-6)

*Isabel le dijo a María:
"¡Dichosa tú por
haber creído que se
cumplirían en ti las
promesas del Señor!".*
(LC 1:45)

Segundo misterio gozoso: la Visitación

Por entonces María tomó su decisión y se fue, sin más demora, a una ciudad ubicada en los cerros de Judá.
Entró en la casa de Zacarías y saludó a Isabel. Al oír Isabel su saludo, el niño dio saltos en su vientre. Isabel
se llenó del Espíritu Santo y exclamó en alta voz: «¡Bendita tú eres entre las mujeres y bendito el fruto de
tu vientre! María dijo entonces: Proclama mi alma la grandeza del Señor, y mi espíritu se alegra en Dios mi
Salvador, porque se fijó en su humilde esclava, y desde ahora todas las generaciones me llamarán feliz. El
Poderoso ha hecho grandes cosas por mí: ¡Santo es su Nombre! (Lc 1:39-42, 46-49)

Al hombre Dios le dijo: "Con el sudor de tu frente comerás tu pan hasta que vuelvas a la tierra, pues de ella fuiste sacado.
Porque eres polvo y al polvo volverás".

(GN 3:19)

Adán y Eva son expulsados del Edén

«¿Quién te ha hecho ver que estabas desnudo? ¿Has comido acaso del árbol que te prohibí?» El hombre respondió: «La mujer que pusiste a mi lado me dio del árbol y comí.» Yavé dijo a la mujer: «¿Qué has hecho?» La mujer respondió: «La serpiente me engañó y he comido.» Entonces Yavé Dios dijo: «Ahora el hombre es como uno de nosotros en el conocimiento del bien y del mal. Que no vaya también a echar mano al Arbol de la Vida, porque al comer de él viviría para siempre.» Y así fue como Dios lo expulsó del jardín del Edén para que trabajara la tierra de la que había sido formado. Habiendo expulsado al hombre, puso querubines al oriente del jardín del Edén, y también un remolino que disparaba rayos, para guardar el camino hacia el Arbol de la Vida. (Gn 3:11-13, 22-24)

¡Así amó Dios al mundo! Le dio al Hijo Único, para que quien cree en él no se pierda, sino que tenga vida eterna. Dios no envió al Hijo al mundo para condenar al mundo, sino para que se salve el mundo gracias a él.

(JN 3:16-17)

Tercer misterio gozoso: el nacimiento de Jesús

Mientras estaban en Belén, llegó para María el momento del parto y dio a luz a su hijo primogénito. Lo envolvió en pañales y lo acostó en un pesebre, pues no había lugar para ellos en la sala principal de la casa. En la región había pastores que vivían en el campo (...). Se les apareció un ángel del Señor (...) El ángel les dijo: «No tengan miedo, vengo a comunicarles una buena noticia, que será motivo de mucha alegría: hoy ha nacido para ustedes un Salvador. Hallarán a un niño recién nacido, envuelto en pañales y acostado en un pesebre». Fueron apresuradamente y hallaron a María y a José con el recién nacido acostado en el pesebre. (Lc 2:6-16)

Enójense, pero sin pecar; que el enojo no les dure hasta la puesta del sol,

pues de otra manera se daría lugar al demonio.

(EF 4:26-27)

Las ofrendas de Caín y Abel

Abel fue pastor de ovejas, mientras que Caín labraba la tierra. Pasado algún tiempo, Caín presentó a Yavé una ofrenda de los frutos de la tierra. También Abel le hizo una ofrenda, sacrificando los primeros nacidos de sus rebaños y quemando su grasa. A Yavé le agradó Abel y su ofrenda, mientras que le desagradó Caín y la suya. Caín se enojó sobremanera y andaba cabizbajo. Yavé le dijo: «¿Por qué andas enojado y con la cabeza baja? Si obras bien, andarás con la cabeza levantada. En cambio, si obras mal, el pecado está a las puerta como fiera al acecho: ¡tú debes dominarlo!» Caín dijo después a su hermano Abel: «Vamos al campo.» Y cuando estaban en el campo, Caín se lanzó contra su hermano Abel y lo mató. Yavé preguntó a Caín: «¿Dónde está tu hermano?» Respondió: «No lo sé. ¿Soy acaso el guardián de mi hermano?».
(Gn 4:2-9)

*Un sacrificio no te
gustaría ni querrás si te
ofrezco un holocausto.
Mi espíritu quebrantado
a Dios ofreceré, pues no
desdeñas a un corazón
contrito.*
(SAL 51:18-19)

Cuarto misterio gozoso: la presentación en el Templo

Asimismo, cuando llegó el día en que, de acuerdo con la Ley de Moisés, debían cumplir el rito de la purificación, llevaron al niño a Jerusalén para presentarlo al Señor. Había entonces en Jerusalén un hombre muy piadoso llamado Simeón. Como los padres traían al niño Jesús para cumplir con él lo que mandaba la Ley, Simeón lo tomó en sus brazos y bendijo a Dios con estas palabras: Ahora, Señor, ya puedes dejar que tu servidor muera en paz, como le has dicho. Porque mis ojos han visto a tu salvador. Su padre y su madre estaban maravillados. Simeón los bendijo y dijo a María: «Mira, este niño traerá a la gente de Israel caída o resurrección. Será una señal de contradicción, mientras a ti misma una espada te atravesará el alma» (Lc 2:22, 25-35).

Lo estableció como señor de su casa, gobernador de todos sus dominios,

para instruir a los príncipes en su nombre y enseñar

sabiduría a sus ancianos.

(SAL 105:21-22)

José interpreta el sueño del Faraón

Faraón entonces mandó traer a José. Fue sacado rápidamente de la cárcel, lo afeitaron y cambiaron de ropa, y lo presentaron a Faraón. Dijo Faraón a José: «He tenido un sueño, y nadie ha sido capaz de explicarlo, pero he oído decir que a ti te basta con que te cuenten un sueño para que tú lo interpretes.» José respondió: «No soy yo, sino Dios quien te dará una respuesta acertada.» La propuesta de José agradó a Faraón y a sus servidores, y dijo Faraón a sus oficiales: «¿Se podrá encontrar otro hombre como éste, que tenga el espíritu de Dios?» Y dijo a José: «Puesto que Dios te ha hecho saber todo esto, no hay hombre más inteligente ni sabio que tú. Tú estarás al frente de toda mi casa, y todo mi pueblo obedecerá tus órdenes. Solamente yo estaré por encima de ti» (Gn 41:14-16, 37-40).

*Yo mismo les
daré palabras y
sabiduría, y ninguno
de sus opositores
podrá resistir ni
contradecirles.*
(Lc 21:15)

Quinto misterio gozoso: el hallazgo en el Templo

Cuando Jesús cumplió los doce años subió a Jerusalén con sus padres, para la fiesta de la Pascua. Al regresar a casa después de la fiesta, Jesús se quedó en Jerusalén, sin que sus padres lo supieran. Después de tres días lo encontraron por fin en el templo, entre los doctores, escuchándoles y haciéndoles preguntas. Todos los que lo oían quedaban asombrados de su inteligencia y de sus respuestas. Sus padres se emocionaron mucho al verlo. Su madre le dijo: "Hijo, ¿por qué nos has hecho esto? Mira qué angustiados hemos estado tu padre y yo, buscándote". Jesús contestó: "¿Por qué me buscaban? ¿No saben que yo debo estar en la casa de mi Padre?" (Lc 2:41-49).

Momentos de salvación

1. *El niño Moisés salvado en un río*

2. *El mar se divide en tierra seca*

3. *Moisés recibe los Diez Mandamientos*

4. *Noé ve aparecer un arco iris después del Diluvio*

5. *Elías, para poder vivir, es alimentado con pan por cuervos*

Misterios de luz

1. Jesús es bautizado por Juan

2. El agua se transforma en vino

3. Jesús predica el Reino de Dios

4. Los Apóstoles contemplan a Jesús en una manifestación celestial

5. Jesús es el Pan de Vida

Desde lo alto su mano me tomó, y me rescató de las aguas profundas. Me libró de enemigos poderosos, de enemigos más fuertes que yo. (...) Me sacó a un espacio abierto, me salvó porque me amaba..

(SAL 18:17-18, 20)

Moisés es rescatado del Nilo

En eso bajó la hija de Faraón al Nilo y se bañó mientras sus sirvientas se paseaban por la orilla del río. Al divisar el canasto entre los juncos, envió a una criada a buscarlo. Lo abrió y vio que era un niño que lloraba. Se compadeció de él y exclamó: «¡Es un niño de los hebreos!» Entonces la hermana dijo a la hija de Faraón: «Si quieres, yo buscaré entre las hebreas, y me pondré al habla con una nodriza para que te críe este niño.» «¡Ve!», le contestó la hija de Faraón. Así que la joven fue y llamó a la madre del niño. La hija de Faraón le dijo: «Toma este niño y críamelo, que yo te pagaré.» Y la mujer tomó al niñito para criarlo. Habiendo crecido el niño, ella lo llevó a la hija de Faraón, y pasó a ser para ella como su hijo propio. Ella lo llamó Moisés, pues, dijo, «lo he sacado de las aguas» (Ex 2:5-10).

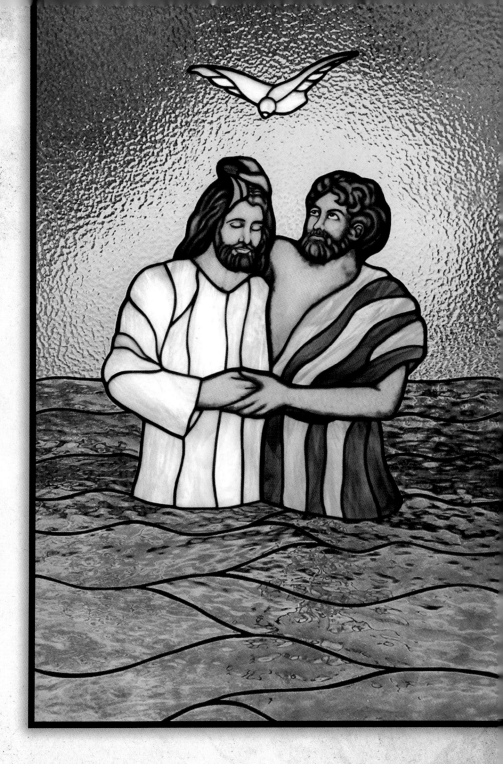

Yo no lo conocía, pero Aquel que me envió a bautizar con agua, me dijo también: "Verás al Espíritu bajar sobre aquel que ha de bautizar con el Espíritu Santo, y se quedará en él".
(JN 1:33)

Primer misterio luminoso: Jesús es bautizado

Por entonces vino Jesús de Galilea al Jordán, para encontrar a Juan y para que éste lo bautizara. Juan quiso disuadirlo y le dijo: «¿Tú vienes a mí? Soy yo quien necesita ser bautizado por ti.» Jesús le respondió: «Deja que hagamos así por ahora. De este modo cumpliremos todo como debe hacerse.» Entonces Juan aceptó. Una vez bautizado, Jesús salió del agua. En ese momento se abrieron los Cielos y vio al Espíritu de Dios que bajaba como una paloma y se posaba sobre él. Al mismo tiempo se oyó una voz del cielo que decía: «Este es mi Hijo, el Amado; en él me complazco»(Mt 3:13-17).

*Dividió el mar y los dejó pasar haciendo que las aguas quedaran
como una muralla. Partió en medio las rocas del desierto
y les dió de beber agua a torrentes.*
(SAL 78:13, 15)

Los israelitas cruzan el Mar Rojo

Dios dijo a Moisés que levantara su mano sobre el mar, y el Señor hizo soplar durante toda la noche un fuerte viento del oriente que secó el mar. Una vez que las aguas estaban divididas, los israelitas pasaron en seco por medio del mar; las aguas les hacían de murallas a su derecha y a su izquierda. Más tarde los egipcios los persiguieron: Todo el ejército del Faraón entró en medio del mar con sus carros y caballos. Entonces Moisés extendió su mano sobre el mar y las aguas volvieron a su sitio normal. Los egipcios perecieron ahogados en el mar. Cuando los israelitas vieron el gran poder del Señor, temieron al Señor y creyeron en Él y en su siervo Moisés (Ex 14:21-23, 27-28, 31).

Los que beban de esta agua volverán a tener sed, pero los que beban del agua que yo les daré nunca volverán a tener sed. El agua que yo les daré se convertirá en ellos en un manantial que brotará hasta la vida eterna.

(JN 4:13-14)

Segundo misterio luminoso: el milagro en Caná

Tres días más tarde se celebraba una boda en Caná de Galilea, y la madre de Jesús estaba allí. (...) Sucedió que se terminó el vino preparado para la boda, y se quedaron sin vino. Entonces la madre de Jesús le dijo: «No tienen vino.» Jesús le respondió: «Qué quieres de mí, Mujer? Aún no ha llegado mi hora.» Pero su madre dijo a los sirvientes: «Hagan lo que él les diga.» Jesús dijo: «Llenen de agua esos recipientes.» Y los llenaron hasta el borde. «Saquen ahora, les dijo, y llévenle al mayordomo.» Después de probar el agua convertida en vino, el mayordomo llamó al novio (...) y le dijo: «Todo el mundo sirve al principio el vino mejor, y cuando ya todos han bebido bastante, les dan el de menos calidad; pero tú has dejado el mejor vino para el final.» Esta señal milagrosa fue la primera, y Jesús la hizo en Caná de Galilea (Jn 2:1-11).

Escucha, Israel: Yavé, nuestro Dios, es Yavé-único. Y tú amarás a Yavé, tu Dios, con todo tu corazón, con toda tu alma y con todas tus fuerzas.

(DT 6:4-5)

Moisés y los Diez Mandamientos

El Señor dijo a Moisés en el monte Sinaí: "Pon por escrito estas palabras". Y Moisés escribió en las tablas los diez mandamientos: "Adorarás al único y solo Dios; No pronunciarás el nombre de Dios en vano; Santificarás el día Sábado; Honrarás a tu padre y a tu madre; No matarás; No cometerás adulterio; No robarás; No atestiguarás en falso; No desearás la mujer de tu prójimo; No codiciarás los bienes de tu prójimo". Cuando Moisés bajó de la montaña, tenía las dos tablas de los mandamientos en sus manos, y su cara estaba radiante después de haber hablado con el Señor. (cf. Ex 34:27, 20: 2-17, 34:29)

Les doy un mandamiento nuevo: que se amen los unos a los otros. Ustedes deben amarse unos a otros como yo los he amado.

(JN 13:34)

Tercer misterio luminoso: proclamación del Reino de Dios

Y Jesús empezó a visitar las sinagogas de aquella gente, recorriendo toda Galilea. Predicaba y expulsaba a los demonios. Vengan a mí los que van cansados, llevando pesadas cargas, y yo los aliviaré. Carguen con mi yugo y aprendan de mí, que soy paciente y humilde de corazón, y sus almas encontrarán descanso. Uno de ellos, que era maestro de la Ley, trató de ponerlo a prueba con esta pregunta: «Maestro, ¿cuál es el mandamiento más importante de la Ley?».Jesús le dijo: «Amarás al Señor tu Dios con todo tu corazón, con toda tu alma y con toda tu mente. Este es el gran mandamiento, el primero. Pero hay otro muy parecido: Amarás a tu prójimo como a ti mismo. Toda la Ley y los Profetas se fundamentan en estos dos mandamientos.» (Mc 1:39, Mt 11:28-29, 22:35-40)

Los cielos cuentan la gloria del Señor, proclama el firmamento

la obra de sus manos.

(SAL 19:2)

El Señor hace un pacto con Noé

A causa del mal sobre la tierra, Dios envió un diluvio para destruir a todo ser viviente. Pero Noé y su familia fueron agraciados por el Señor. Dios instruyó a Noé construir un arca para meter allí una pareja de todo ser viviente. Entonces llovió durante cuarenta días y cuarenta noches. Todo sobre la tierra con aliento de vida murió. Después del diluvio, cuando las aguas empezaron a bajar y la tierra se secó, Noé salió del arca con su familia y todos los animales. Noé construyó un altar, y ofreció un sacrificio al Señor. Dios bendijo a Noé y le dijo: "¡Mira! Pongo mi arco iris en el cielo como signo del pacto que hago con la tierra. Cuando cubra de nubes la tierra y aparezca el arco iris en las nubes, recordaré el pacto que he hecho con ustedes y con todo ser viviente de cada especie, para que las aguas nunca más destruyan de nuevo la tierra" (cf Gn 6-9:1-15).

Porque ahí viene el que forma los montes y crea el viento, el que enseña al hombre la manera de reflexionar, el que tramó el mal contra esa gente, una desgracia tan grande que no podrán hacerle el quite ni caminar con la frente en alto.
(AM 4:13)

Cuarto misterio luminoso: la Transfiguración

Jesús tomó consigo a Pedro, a Santiago y a Juan y subió a un cerro a orar. Y mientras estaba orando, su cara cambió de aspecto y su ropa se volvió de una blancura fulgurante (...). Un sueño pesado se había apoderado de Pedro y sus compañeros, pero se despertaron de repente y vieron la gloria de Jesús y a los dos hombres que estaban con él. Como éstos estaban para irse, Pedro dijo a Jesús: «Maestro, ¡qué bueno que estemos aquí! Levantemos tres chozas: una para ti, otra para Moisés y otra para Elías.» Estaba todavía hablando, cuando se formó una nube que los cubrió con su sombra, y (...) de la nube llegó una voz que decía: «Este es mi Hijo, mi Elegido; escúchenlo» (Lc 9:28-35).

El Señor es mi pastor: nada me falta; en verdes pastos él me hace reposar. A las aguas de descanso me conduce, y reconforta mi alma. Por el camino del bueno me dirige, por amor de su nombre. (SAL 23:1-3)

Elías es alimentado por los cuervos

Durante la gran sequía el Señor dijo a Elías: "Sal de aquí y anda al este del Jordán, donde podrás beber del torrente. He ordenado a los cuervos para que te provean allí de alimento". Salió pues Elías e hizo lo que le mandó el Señor. Los cuervos le traían pan por la mañana y carne por la tarde, y saciaba su sed del torrente. Pero al cabo del tiempo el torrente se secó porque no había llovido en la región. Entonces el Señor le dijo a Elías que fuera a Sidón donde había ordenado a una pobre viuda para que compartiera su alimento. La viuda tenía solo un puñado de harina en un tarro y un poco de aceite en un jarrón, para hacer pan. No obstante, el tarro de harina no se acabó ni el jarrón de aceite se agotó hasta el día en que el Señor envió lluvia sobre la tierra. (cf 1 Re 17:2-17)

«Yo soy el pan de vida. El que viene a mí nunca tendrá hambre y el que cree en mí nunca tendrá sed.»

(JN 6:35)

Quinto misterio luminoso: la institución de la Eucaristía

Llegada la hora, Jesús se puso a la mesa con los apóstoles y les dijo: «Yo tenía gran deseo de comer esta Pascua con ustedes antes de padecer. Porque les digo que ya no la volveré a comer hasta que sea la nueva y perfecta Pascua en el Reino de Dios.» Mientras comían, Jesús tomó pan, pronunció la bendición, lo partió y lo dio a sus discípulos, diciendo: «Tomen y coman; esto es mi cuerpo.» Después tomó una copa, dio gracias y se la pasó diciendo: «Beban todos de ella: esto es mi sangre, la sangre de la Alianza, que es derramada por muchos, para el perdón de sus pecados (Lc 22:14-16, Mt 26:26-28).

Lucha y sacrificio

Hora de dolor

1. *Jesús en la agonía es confortado por un ángel.*

2. *El Varón de dolores es azotado y herido.*

3. *Jesús es coronado con una corona de espinas.*

4. *Jesús lleva su cruz al Calvario.*

5. *El sacrificio de Jesús es aceptado por su Padre.*

El ángel del Señor acampa en torno de sus fieles y los guarda.

(SAL 34:8)

Jacob lucha contra el Ángel

Aquella noche Jacob se quedó solo lejos en la orilla. Un ángel vino y luchó contra él hasta la aurora. Cuando el ángel vio que no lo podía vencer, tocó a Jacob en la articulación femoral y le dislocó la cadera mientras peleaba con él. Dijo el ángel: "Suéltame, pues ya está amaneciendo." Pero Jacob respondió: "No te soltaré hasta que me bendigas." El ángel le preguntó: "¿Cómo te llamas?" "Jacob", contestó él. Y el ángel dijo: "Ya no te llamarás Jacob, sino Israel; porque has sido fuerte contra Dios y contra los hombres, y has salido vencedor." Y allí mismo lo bendijo. Jacob llamó aquel lugar Panuel, "porque he visto a Dios cara a cara", dijo él, "y aún estoy vivo" (cf. Gn 32: 23-31).

En mi angustia yo invoqué al Señor, y clamé a mi Dios. Mi clamor llegó hasta sus oídos y desde su Templo oyó mi voz. Él inclinó los cielos y descendió, con una densa nube bajo sus pies. Montó en un querubín y emprendió vuelo; planeaba sobre las alas del viento (Sal 18:7, 10, 11).

Primer misterio doloroso: la agonía en el Huerto

Llegó la noche y Jesús fue con sus discípulos a un huerto llamado Getsemaní. Comenzó a sentir tristeza y angustia, y les dijo a Pedro, Juan y Santiago: "Mi alma siente una tristeza de muerte. Quédense aquí conmigo y permanezcan despiertos." Fue un poco más adelante, postrándose con el rostro en tierra, oró así: "Padre, si es posible, que se aleje de mí este cáliz. Pero no se haga mi voluntad, sino la tuya." Entonces se le apareció un ángel del cielo que lo animaba. En medio de la angustia, se puso a orar con más insistencia; y su sudor se convirtió en gotas de sangre que caían hasta el suelo. Después de orar se levantó y fue hacia donde estaban los discípulos. Pero los encontró dormidos, abatidos por la tristeza. "¿Por qué están durmiendo?" les dijo. "Levántense y oren para que no caigan en tentación, porque el espíritu está dispuesto, pero la carne es débil" (cf. Mt 26:36-41, Lc 22:39-46).

No había en él brillo, ni belleza, para que nos fijáramos en él y su apariencia no podía cautivarnos. Despreciado por los hombres y marginado, hombre de dolores y familiarizado con el sufrimiento. Fue maltratado, y él se humillo y no dijo nada. (cf. Is 53:2-3, 7)

Los sufrimientos de Job

Entonces Job se levantó y rasgó su manto. Luego, se cortó el pelo al rape, se tiró al suelo y, echado en tierra, empezó a decir: «Desnudo salí del seno de mi madre, desnudo allá volveré. Yavé me lo dio, Yavé me lo ha quitado, ¡que su nombre sea bendito!». Salió Satán de la presencia de Yavé e hirió a Job con una llaga incurable desde la punta de los pies hasta la coronilla de la cabeza. Job tomó entonces un pedazo de teja para rascarse y fue a sentarse en medio de las cenizas. Entonces su esposa le dijo: «¿Todavía perseveras en tu fe? ¡Maldice a Dios y muérete!» Pero él le dijo: «Hablas como una tonta cualquiera. Si aceptamos de Dios lo bueno, ¿por qué no aceptaremos también lo malo?» (Job 1:20-21, 2:7-10)

Y eran nuestras faltas por las que era destruido. Nuestros pecados, por los que era aplastado. Él soportó el castigo que nos trae la paz y por sus llagas hemos sido sanados.

(IS 53:5)

Segundo misterio doloroso: la flagelación en la columna

Los hombres que custodiaban a Jesús le daban golpes y se burlaban de él. Le taparon los ojos y lo interrogaron. "Juega al profeta", le decían, "¿quién te pegó entonces?" Y proferían contra él toda clase de insultos. Al amanecer, tenían atado a Jesús y se lo entregaron a Pilato. Pilato le preguntó: "¿Eres tú el rey de los judíos?" "Tú eres el que lo dice", Jesús contestó. Y los jefes de los sacerdotes hicieron muchas acusaciones contra él. Pero él no respondió. Pilato preguntó a la multitud: "¿Qué hago con Jesús, llamado el Cristo?" Contestaron todos: "¡Que sea crucificado!" Pilato tomó algo de agua, lavó sus manos en frente de la multitud y dijo: "Soy inocente de la sangre de este hombre." Entonces ordenó que azotaran a Jesús (cf. Lc 22:63-65, Mt 27:1-2, 11-13, 22-26).

Sean sobrios y estén vigilantes, porque su enemigo, el diablo, ronda como león rugiente buscando a quién devorar. Resístanle firmes en la fe.

(1 PE 5:8-9)

Daniel en el foso de los leones

Los altos funcionarios y gobernadores del rey Darío tenían celos de Daniel y buscaban algo de qué acusarle. Entonces pidieron al rey promulgara el siguiente decreto: Cualquiera que, durante los próximos treinta días dirija una oración a quién sea que no fuera el rey, será arrojado al foso de los leones. Aunque Daniel sabía de este decreto, continuó orando y dando gracias a Dios como lo había hecho siempre. Cuando fue descubierto, el rey, renuente, ordenó que Daniel fuera echado a los leones. Y el rey le dijo a Daniel: "Tu mismo Dios, a quien sirves tan fielmente, tendrá que salvarte." La mañana siguiente, al acercarse el rey al foso, oyó a Daniel gritar: "Mi Dios envió a su ángel, quien cerró las fauces de los leones; no me han hecho daño alguno porque ante él soy inocente." Daniel fue sacado, sin daño alguno, del foso de los leones porque había puesto su confianza en su Dios (cf. Dn 6:5-12, 17-24).

*Sin cesar me desgarran
esos hipócritas,
burlándose de mí
continuamente y
rechinando contra mí
los dientes. Señor, ¿te
quedarás mirando?
Rescátame de los
leones rugientes, pues
no tengo sino una vida.
(SAL 35:16-17)*

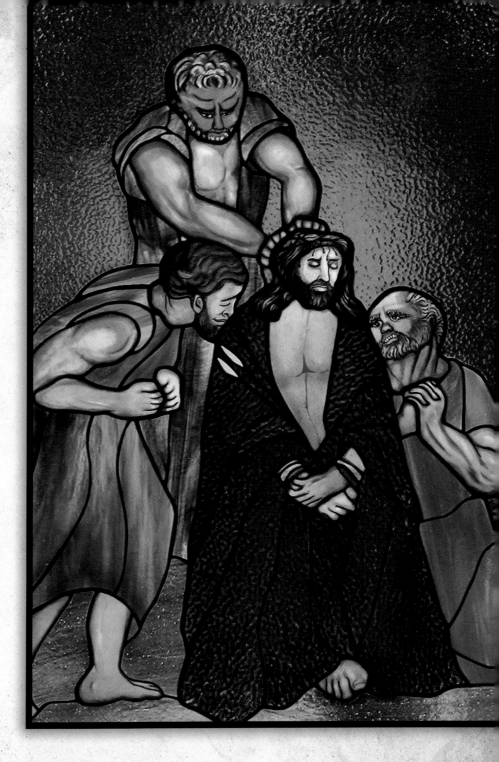

Tercer misterio doloroso: la coronación de espinas

Los soldados lo llevaron al pretorio, que es el patio interior, y llamaron a todos sus compañeros. Lo vistieron con una capa roja y le colocaron en la cabeza una corona que trenzaron con espinas. Después comenzaron a saludarlo: «¡Viva el rey de los judíos!» Y le golpeaban en la cabeza con una caña, le escupían y se arrodillaban ante él para rendirle homenaje. Ellos gritaron: «¡Fuera! ¡Fuera! ¡Crucifícalo!» Pilato replicó: «¿He de crucificar a su Rey?» Los jefes de los sacerdotes contestaron: «No tenemos más rey que el César.» Entonces Pilato les entregó a Jesús para que lo crucificaran (Mc 15:16-19; Jn 19:15-16).

Han visto cómo los llevó durante todo el camino, como un padre lleva a su hijo, hasta que llegamos a este lugar."

(DT 1:31)

Isaac sube la montaña cargado con la leña

Dios puso a prueba a Abraham diciéndole: "Toma a tu hijo único Isaac, al que amas, y ofrécelo en sacrificio en uno de los montes que te indicaré." Abraham se levantó de madrugada, ensilló su burro, y se llevó a dos de sus sirvientes y a su hijo Isaac. Partió leña para el sacrificio y se encaminó al lugar que Dios le había indicado. Al tercer día, levantó Abraham los ojos y divisó la montaña a lo lejos. Tomó la leña para el sacrificio, la cargó sobre su hijo Isaac, y tomó en sus propias manos el brasero y el cuchillo. En seguida partieron los dos solos y empezaron a subir la montaña. Isaac dijo: "¡Padre! Mira, aquí están el fuego y la leña, pero ¿dónde está el cordero para el sacrificio?" Abraham respondió: "Hijo mío, Dios mismo proveerá el cordero para el sacrificio" (cf. Gn 22:1-8).

Entonces dijo Jesús a sus discípulos: «El que quiera seguirme, que renuncie a sí mismo, cargue con su cruz y me siga. Pues el que quiera asegurar su vida la perderá, pero el que sacrifique su vida por causa mía, la hallará.
(MT 16:24-25)

Cuarto misterio doloroso: Jesús carga con la cruz

Así fue como se llevaron a Jesús. Cargando con su propia cruz, salió de la ciudad hacia el lugar llamado Calvario. Cuando lo llevaban, encontraron a un tal Simón de Cirene y le cargaron con la cruz para que la llevara detrás de Jesús. Lo seguía muchísima gente, especialmente mujeres que se golpeaban el pecho y se lamentaban por él. Jesús, volviéndose hacia ellas, les dijo: «Hijas de Jerusalén, no lloren por mí. Lloren más bien por ustedes mismas y por sus hijos. Junto con Jesús llevaban también a dos malhechores para ejecutarlos. Cuando llegaron al lugar que se llama Calvario, le dieron a beber vino mezclado con hiel. Jesús lo probó, pero no lo quiso beber (cf. Jn 19:17, Lc 23:26-28, 32, Mt 27:33-34).

Estaba ofreciendo al hijo único que debía heredar la promesa, y Dios le había dicho: Por Isaac tendrás descendientes que llevarán tu nombre. 19 Abrahán pensó seguramente: Dios es capaz de resucitar a los muertos.
(HEB 11:17-19)

El sacrificio de Abraham

Al llegar al lugar que Dios le había indicado, Abraham levantó un altar y puso la leña sobre él. Luego ató a su hijo Isaac y lo colocó sobre la leña. Extendió después su mano y tomó el cuchillo para degollar a su hijo, pero el Angel de Dios lo llamó desde el cielo y le dijo: «Abraham, Abraham.» Contestó él: «Aquí estoy.» «No toques al niño, ni le hagas nada, pues ahora veo que temes a Dios, ya que no me has negado a tu hijo, el único que tienes.» Abraham miró a su alrededor, y vio cerca de él a un carnero que tenía los cuernos enredados en un zarzal. Fue a buscarlo y lo ofreció en sacrificio en lugar de su hijo. Abraham llamó a aquel lugar «Yavé provee». Y todavía hoy la gente dice: «En ese monte Yavé provee.» (Gn 22:9-14).

Él compartía la naturaleza divina, y no consideraba indebida la igualdad con Dios, sin embargo se redujo a nada, tomando la condición de siervo, y se hizo semejante a los hombres. Y encontrándose en la condición humana, se rebajó a sí mismo haciéndose obediente hasta la muerte, y muerte de cruz.

(FIL 2:6-8)

Quinto misterio doloroso: la crucifixión

Cuando llegaron al Gólgota, y Jesús estaba crucificado con los dos malhechores, uno a su derecha y otro a su izquierda. Jesús dijo: "Padre, perdónalos porque no saben lo que hacen." Entonces se repartieron su ropa echando suertes. Sobre la cruz había un letrero que decía: "Este es el rey de los judíos." También los soldados se burlaban de él diciendo: "Si tú eres el rey de los judíos, sálvate a ti mismo." Cerca de la cruz de Jesús estaba su madre. Viendo a su madre y al discípulo a quien él amaba a un lado de ella, Jesús dijo a su madre: "Mujer, ahí tienes a tu hijo." Después dijo al discípulo: "Ahí tienes a tu madre." La oscuridad cubrió toda la tierra, el sol se eclipsó. Y Jesús gritó muy fuerte: "Todo está cumplido. Padre, en tus manos encomiendo mi espíritu." Y dichas estas palabras, expiró (cf. Lc 23:33-34, 36-38, 44-46, Jn 19:25-26, 30).

Unión con Dios

1. Jonás emerge después de tres días en la ballena

2. Jacob sueña con una escalera al paraíso

3. Tres hombres alaban a Dios en un horno ardiente

4. Elías es levantado en un carro de fuego

5. Samuel unge a David como rey terreno

Visión de Gloria

1. Jesús resucita de la tumba al tercer día

2. Jesús sube a los cielos

3. El Espíritu Santo desciende en lenguas de fuego

4. María es llevada al cielo

5. Jesús corona a María como reina celestial

Clamaron al Señor en su angustia y él los hizo salir de sus aflicciones.
Cambió el huracán en una brSalisa suave, y las olas del mar enmudecieron.
El Señor los condujo al puerto deseado.
(cf. Sal 107:28-29, 30)

Jonás y la ballena

En vez de predicar en Nínive, como el Señor le había encargado, Jonás huyó de Dios. Pero cuando subió a un barco, Dios desató una tremenda tempestad, tan grande que el barco estaba a punto de partirse. Los marineros temieron y echaron suertes para ver quién era el responsable, y la suerte cayó en Jonás. Levantaron a Jonás y lo tiraron al mar, y el mar calmó su furia. El Señor hizo que una ballena se tragara a Jonás; y Jonás permaneció en el vientre de la ballena por tres días y tres noches. Allí, Jonás oró al Señor, diciendo: "Desde mi angustia invoqué al Señor, y él me respondió; desde el seno del lugar de los muertos, pedí auxilio y tú escuchaste mi voz". Entonces el Señor ordenó a la ballena vomitar a Jonás sobre tierra firme. Y Jonás se fue a predicar a Nínive en obediencia a la palabra del Señor. (cf. Jon 1:1-4, 7, 15, 2:1-3, 11, 3:3)

«Yo soy la resurrección (y la vida). El que cree en mí, aunque muera, vivirá. El que vive, el que cree en mí, no morirá para siempre.
(JN 11:25-26)

Primer misterio glorioso: la Resurrección

Pasado el sábado, al aclarar el primer día de la semana, fueron María Magdalena y la otra María a visitar el sepulcro. De repente se produjo un violento temblor: el Angel del Señor bajó del cielo (...) Al ver al Angel, los guardias temblaron de miedo y se quedaron como muertos. El Angel dijo a las mujeres: «Ustedes no tienen por qué temer. Yo sé que buscan a Jesús, que fue crucificado. Ellas se fueron al instante del sepulcro, con temor, pero con una alegría inmensa a la vez, y corrieron a llevar la noticia a los discípulos. No está aquí. Resucitó. Acuér dense de lo que les dijo cuando todavía estaba en Galilea: "El Hijo del Hombre debe ser entregado en manos de los pecadores y ser crucificado, y al tercer día resucitará"» (Mt 28: 1-5, 8, Lc 24: 6-7).

«En verdad les digo que ustedes verán los cielos abiertos y a los ángeles de Dios subiendo y bajando sobre el Hijo del Hombre»

(JN 1:51)

El sueño de Jacob

Jacob llegó a un cierto lugar y pasó la noche allí. Cogió una piedra, la puso como su almohada y se acostó en ese lugar. Y tuvo un sueño: Vio una escalera que estaba apoyada en la tierra con la parte de arriba en los cielos, y ángeles subían y bajaban por ella. Y allí estaba el Señor de pie a su lado, diciendo: "Yo soy el Señor, el Dios de tu padre ancestral Abraham y el Dios de Isaac. La tierra donde estás acostado, te la daré a ti y a tu descendencia. Ten por seguro que yo estoy contigo; te protegeré a dondequiera que vayas, y te haré volver a esta tierra". Cuando Jacob despertó, exclamó: "Verdaderamente el Señor está aquí. ¡Esta es nada menos que la Casa de Dios! ¡Ésta es la puerta del cielo!" Y cogiendo la piedra que había usado como almohada, la puso como un monumento y llamó a aquel lugar Betel (cf. Gn 28:11-19).

Vi algo como un hijo de hombre que venía sobre las nubes del cielo; se dirigió hacia el anciano y lo llevaron a su presencia. Se le dio el poder, la gloria y la realeza, y todos los pueblos, naciones y lenguas lo sirvieron.

(DN 7:13-14)

Segundo misterio glorioso: la Ascensión

Les dijo: «Todo esto estaba escrito: los padecimientos del Mesías y su resurrección de entre los muertos al tercer día. Luego debe proclamarse en su nombre el arrepentimiento y el perdón de los pecados, comenzando por Jerusalén, y yendo después a todas las naciones, invitándolas a que se conviertan. Ustedes son testigos de todo esto. Ahora yo voy a enviar sobre ustedes lo que mi Padre prometió. Permanezcan, pues, en la ciudad hasta que sean revestidos de la fuerza que viene de arriba». Jesús los llevó hasta cerca de Betania y, levantando las manos, los bendijo. Y mientras los bendecía, se separó de ellos (y fue llevado al cielo. Ellos se postraron ante él). Después volvieron llenos de gozo a Jerusalén, y continuamente estaban en el Templo alabando a Dios (Lc 24: 46-53).

¡Bendigan al Señor, cántenle y glorifíquenlo eternamente! Porque nos libró del infierno y nos salvó de la muerte; nos arrancó del horno ardiente y nos sacó de en medio de las llamas.

(DN 3:88)

Los tres jóvenes en el horno

El rey Nabucodonosor decretó que todos debían adorar la estatua de oro que él había hecho. Los que se negaran, serían echados al horno ardiente. Sidrac, Misac y Abdénago ignoraron el decreto diciéndole al rey: "Si nuestro Dios es capaz de salvarnos del horno ardiente, él nos salvará; y aun si no lo hace, nosotros no serviremos a tu dios o a la estatua que has erigido". El rey se enfureció ante estas palabras y ordenó que el horno se calentara siete veces más de lo que era necesario. Y los tres jóvenes fueron echados en él. Mientras alababan a Dios en medio del fuego, un ángel descendió al horno ardiente, junto a ellos, y apartó las llamas del horno. Entonces el rey ordenó a los jóvenes que salieran, y cuando vió que el fuego no les había hecho nada, exclamó: "No hay otro Dios que pueda salvar de esta manera" (cf. Dn 3).

*El Espíritu del Señor
está sobre mí. Él
me ha ungido para
llevar buenas noticias
a los pobres, para
anunciar la libertad
a los cautivos y a los
ciegos que pronto van
a ver, para poner en
libertad a los oprimidos
y proclamar el año de
gracia del Señor.*
(LC 4:18-19)

Tercer misterio glorioso: la venida del Espíritu Santo

Cuando llegó el día de Pentecostés, estaban todos reunidos en el mismo lugar. De repente vino del cielo un ruido, como el de una violenta ráfaga de viento, que llenó toda la casa donde estaban, y aparecieron unas lenguas como de fuego que se repartieron y fueron posándose sobre cada uno de ellos. Todos quedaron llenos del Espíritu Santo y comenzaron a hablar en otras lenguas, según el Espíritu les concedía que se expresaran. Estaban de paso en Jerusalén judíos piadosos, llegados de todas las naciones que hay bajo el cielo. Y entre el gentío que acudió al oír aquel ruido, cada uno los oía hablar en su propia lengua. Todos quedaron muy desconcertados y se decían, llenos de estupor y admiración: «Pero éstos ¿no son todos galileos? ¡Y miren cómo hablan! Cada uno de nosotros les oímos en nuestra propia lengua nativa» (He 2:1-8).

Verán su rostro y llevarán su nombre en la frente. Ya no habrá noche.
No necesitarán luz de lámpara ni de sol, porque Dios mismo será su luz,
y reinarán por los siglos para siempre (AP 22:4-5).

La Ascensión de Elías al Cielo

Cuando Elías y Eliseo llegaron al río Jordán, Elías golpeó el agua con su manto, el agua se dividió y ambos atravesaron el río. Eliseo le pidió a Elías: "Que reciba en herencia el doble de tu espíritu". Elías dijo: "Si me ves cuando yo sea separado de tu lado, lo obtendrás". Mientras caminaban, un carro de fuego apareció con caballos de fuego, y los separó a uno del otro. Elías subió al cielo en el torbellino. Eliseo lo vió y gritaba: "¡Padre mío!" Después ya no lo vio más. Recogió el manto de Elías, que se le había caído, y se volvió, y golpeó las aguas del Jordán; el río se dividió en dos y Eliseo atravesó. Los otros profetas lo vieron y dijeron: "El espíritu de Elías se ha posado sobre Eliseo" (2 Re 2:7-15).

La hija del rey, con oro engalanada, es introducida al interior.

(SAL 45:14)

Cuarto misterio glorioso: la Asunción

Después de su muerte, el cuerpo de María se reunió con su alma y fue llevado al cielo, al cual entró preparada como una novia adornada para su novio: "¡Levántate amada mía, hermosa mía, y ven! Eres toda sin ninguna mancha. Tú eres la gloria de Jerusalén y el honor mayor de nuestro pueblo". Y una fuerte voz desde el trono dijo: "Él enjugará toda lágrima. No habrá más muerte, ni lamento, ni pena. El mundo viejo ha pasado". María dijo: "Dios todopoderoso ha hecho en mí grandes cosas; santo es su nombre, y su misericordia alcanza de generación en generación a los que le temen" (cf. Cant 2:10, Jdt 15:9, Ap 21:4, Lc 1:49-50).

Encontré a David mi servidor, y lo ungí con óleo santo, lo sostendrá mi mano y mi brazo lo fortalecerá. Su descendencia durará para siempre, su trono como el sol se mantendrá ante mí. Está allí para siempre como la luna, ese testigo fiel más allá de las nubes» (SAL 89:21, 37-38).

David es ungido rey de Israel

Yavé dijo a Samuel: «¿Hasta cuándo seguirás llorando por Saúl? ¿No fui yo quien lo rechazó para que no reine más en Israel? Llena pues tu cuerno de aceite y anda. Te envío donde Jesé de Belén, porque me escogí un rey entre sus hijos». Pero Yavé dijo a Samuel: «Olvídate de su apariencia y de su gran altura, lo he descartado. Porque Dios no ve las cosas como los hombres: el hombre se fija en las apariencias pero Dios ve el corazón». Entonces Samuel dijo a Jesé: «¿Esos son todos tus hijos?» Respondió: «Todavía falta el menor, que cuida el rebaño». Samuel le dijo: «Mándalo a buscar porque no nos sentaremos a la mesa hasta que no esté aquí». Fueron pues a buscarlo y llegó; era rubio con hermosos ojos y una bella apariencia. Yavé dijo entonces: «Párate y conságralo; es él» (1Sam 16:1, 7, 11-12).

¿Quién es ésta que surge como la aurora, bella como la luna, brillante como el sol, temible como un ejército?
(CANT 6:10)

Quinto misterio glorioso:
María es coronada reina del Cielo

Una gran señal apareció en los cielos: Una mujer vestida del sol, con la luna bajo sus pies, y sobre su cabeza una corona de doce estrellas. Bendita es esta hija, sobre todas las mujeres de la tierra. Su alabanza nunca se apartará de los corazones de aquellos que recuerdan el poder de Dios. Que ella sea siempre honrada y premiada con bendiciones. Ningún ojo ha visto, ninguna oreja ha oído, ni por mente humana ha pasado, lo que Dios ha preparado para los que lo aman. Si hemos muerto con él, también viviremos con él; si perseveramos, también reinaremos con él. (cf. Ap 12:1, Jdt 13:18-19, 1 Co 2:9, 2 Tim 2:11-12)

Cuatro series de misterios

Revelación:
Moisés y la zarza ardiente

Misterios gozosos: la revelación que Dios hizo de Sí mismo a Moisés llega a su cumplimiento cuando Dios, en Cristo Jesús, se hace hombre.

El Señor Dios se apareció a Moisés en una llamarada entre la zarza que ardía sin consumirse. El Señor llamó a Moisés de en medio de la zarza. Moisés se tapó la cara, temeroso de mirar a Dios. Entonces el Señor dijo: "El clamor de los Israelitas ha llegado hasta mí, y he visto cómo los Egipcios los oprimen. Anda, Yo te envío al Faraón para que saques de Egipto a mi pueblo". Pero Moisés preguntó: "¿Quién soy yo para ir al Faraón y sacar a los Israelitas de Egipto?" Dios respondió: "Yo estaré contigo". Entonces Moisés le contestó a Dios: "Bien, iré a los Israelitas y les diré 'El Dios de sus padres me ha enviado a ustedes'. Pero si ellos me preguntan cuál es su nombre, ¿qué les responderé?" Y Dios le dijo a Moisés: "Yo soy el que soy. Esto es lo que has de decir a los hijos de Israel: 'Yo Soy me ha enviado a ustedes'". (cf. Ex 3:2-16)

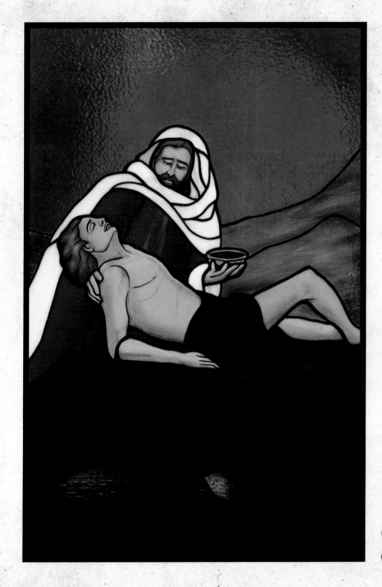

Caridad:
el Buen Samaritano

Misterios luminosos: la parábola del buen Samaritano muestra la "ley del amor" que infunden las palabras y acciones de Jesús.

Jesús empezó a decir: «Bajaba un hombre por el camino de Jerusalén a Jericó y cayó en manos de unos bandidos, que lo despojaron hasta de sus ropas, lo golpearon y se marcharon dejándolo medio muerto. Por casualidad bajaba por ese camino un sacerdote; lo vió, dio un rodeo y siguió. Lo mismo hizo un levita que llegó a ese lugar: lo vio, dio un rodeo y pasó de largo. Un samaritano también pasó por aquel camino y lo vio, pero éste se compadeció de él. Se acercó, curó sus heridas con aceite y vino y se las vendó; después lo montó sobre el animal que traía, lo condujo a una posada y se encargó de cuidarlo. Al día siguiente sacó dos monedas y se las dio al posadero diciéndole: «Cuídalo, y si gastas más, yo te lo pagaré a mi vuelta.» (Lc 10:30-35).

Cuatro temas bíblicos

Triunfo:
David y Goliat

Misterios gloriosos: el triunfo de David del bien sobre el mal encuentra su última expresión en la victoria de Jesús, de la vida perdurable sobre la muerte.

David dijo: "Yo iré y lucharé contra el Filisteo, y Dios me rescatará de su poder". Entonces David cogió su vara y cinco piedras lisas del arroyo, las puso en su morral de pastor, y con la honda en su mano se fue al encuentro de Goliat. El Filisteo se acercó más y más a David y lo que vio lo llenó de desprecio, porque David era tan solo un muchacho de buena complexión y apariencia. El Filisteo, que tenía una altura de casi siete pies, le dijo: "¿Acaso soy un perro para que vengas a atacarme con palos?" Entonces David corrió hacia Goliat. Sacó una piedra de su morral y la lanzó con la honda golpeando a Goliat en la frente. La piedra penetró su frente y cayó de bruces al suelo. Así fue como David triunfó sobre el Filisteo con una honda y una piedra (cf. l Sam 17:32-54).

Perdón:
el Hijo Pródigo

Misterios dolorosos: el perdón del padre al Hijo Pródigo es un ejemplo del sufrimiento y muerte de Cristo para que los pecados sean perdonados.

Un hombre tenía dos hijos. El menor le pidió al padre la parte de la herencia que le correspondía y la vendió. Se alejó de casa y se fue a un país lejano. Allí malgastó todo en una vida desordenada. Cuando una terrible hambre sobrevino en aquella región, el muchacho se dedicó a cuidar puercos y deseaba llenar su estómago con lo que comían los puercos. Por fin, recapacitando, decidió volver a casa. Cuando todavía estaba lejos, su padre lo vio; su corazón se conmovió de lástima, y salió corriendo al encuentro del muchacho, se le echó al cuello y lo cubrió de besos. "Padre -dijo el hijo-, he pecado contra Dios y contra ti. Ya no merezco llamarme hijo tuyo." Pero el padre mandó a los sirvientes traer el mejor vestido y ponérselo, matar el ternero gordo y preparar un banquete en su honor. Cuando el hijo mayor se negó a entrar al banquete, el padre le dijo: "Tu hermano estaba muerto, pero ahora ha vuelto a la vida; estaba perdido, pero ahora ha sido encontrado" (cf. Lc 15:11-32).

El proyecto del Rosario

Un fuerte terremoto en el otoño de 1999 destruyó la vieja iglesia de Tsaotun, en el centro de Taiwán. El P. Antonio Hu, párroco, con gran audacia planeó la construcción de una nueva iglesia, que no obstante de estar en zona de terremotos, tendría varias docenas de vitrales.

Para realizar el proyecto, el P. Hu se puso en contacto con el taller Yawee Studio en Chingchuan, una pequeña aldea de aborígenes en las montañas del norte de Taiwán, para diseñar y fabricar esas ventanas. El taller Yawee Studio se especializa en narrativas de vitrales para las iglesias.

Los Misterios del Rosario fueron escogidos como tema para los vitrales porque la iglesia de Tsaotun se llama Nuestra Señora del Rosario. Puesto que iba a haber más de cuarenta vitrales en la iglesia, también se agregaron historias paralelas del Antiguo Testamento

Algunos de los diseños de los vitrales son originales. En otros es evidente la inspiración de Gustavo Doré y de antiguos ilustradores de la Biblia. La finalidad del proyecto fue presentar cada historia del Antiguo y Nuevo Testamento de la manera más sencilla posible, mostrando cómo las narraciones se relacionan entre sí.

En su composición se eliminó el aspecto decorativo para que sobresalieran en cada Misterio las figuras humanas. Fondos sencillos de la textura del cristal realzan el sentimiento de mirar una ventana a través de otra ventana -una reflexión. Los rostros, cabello y piel, fueron cuidadosamente pintados a mano con pintura para vitrales y horneados.

A fines de agosto de 2004, sólo unos días después de que se terminó el último de los vitrales, la aldea de Chingchuan fue azotada por un tifón y devastada por corrimientos de lodo. En un abrir y cerrar de ojos bastantes casas -y vidas humanas- fueron arrasadas.

La aldea fue evacuada y quedó desierta durante varias semanas.

En ese tiempo las ventanas del Rosario estaban todavía almacenadas en un cobertizo techado con lámina al lado del taller Yawee Studio. Las casas alrededor fueron arrastradas hasta el río o sepultadas por el lodo y la suerte de estas ventanas era incierta. Pero cuando los aldeanos por fin regresaron a Chingchuan, se encontraron con que el taller Yawee Studio, el depósito y todas las ventanas del Rosario habían sobrevivido milagrosamente la terrible experiencia. Parece que Dios quería este proyecto y ni terremotos ni tifones ni corrimientos de lodo podrían impedirlo.

En 2006, después de años de mucho trabajo y mil dificultades, el taller Yawee Studio instaló en su totalidad los 46 vitrales en la Iglesia de Nuestra Señora del Rosario en Tsaotun, Taiwán. *El Rosario: reflexiones bíblicas en vitrales* tiene las pinturas de todos los vitrales hechos para este proyecto.

En la columna de la izquierda aparece una imagen de Sansón, cautivo y ciego, después de la traición de Dalila. Venciendo todos los obstáculos, derriba los pilares del templo en un esfuerzo final (Jue 16:23-31) recordándonos las palabras del Ángel a María que "nada es imposible para Dios".

La sabiduría del rey Salomón para descubrir quién era la madre de un niño (1 Re 3:16-28) está ilustrada en la imagen de esta columna y es un reflejo del nacimiento de Nuestro Señor (cf. portada del libro). Estos paralelos que se encuentran a través de la Sagrada Escritura, pueden enriquecer nuestra apreciación de las historias de la Biblia y ensanchar nuestro amor al Rosario.